AF426146

Дракон
Гороскоп
2024

Alina A. Rubi/Angeline Rubi

Издается самостоятельно

Все права защищены © 2024.
Автор: Ангелина А. Руби

Алина А. Руби

E-mail: rubiediciones29@gmail.com

Редактирование: Анжелина А. Руби

rubiediciones29@gmail.com

Никакая часть данного "Китайского гороскопа на 2024 год" не может быть воспроизведена или передана в любой форме, любыми электронными или механическими средствами. Включая фотокопирование, запись или любые другие системы хранения и поиска информации, без предварительного письменного разрешения автора.

Введение

Китайский календарь - древний и сложный, он никогда не был упрощен. Во многих культурах лунный календарь заменялся солнечным.

Китайский, исламский и еврейский календари управляются лунными фазами. Это сложная система, поскольку они управляются не только лунными циклами, но и включают в себя солнечный цикл, цикл Юпитера и Сатурна.

Китайцы считают, что универсальная энергия управляется балансом. Важнейшим элементом этого баланса является концепция Инь и Ян. Инь противоположна Ян и наоборот, но вместе они достигают полного равновесия. Эта энергия присутствует во всем сущем, как в материальном, так и в нематериальном.

Символ Инь/Ян разделен на две половины, одна из которых черная (Инь), а другая белая (Ян). Обе части соединены посередине эллипсом, который соединяет их вместе, образуя кривую. Их черный и белый цвета означают, что существует дуализм, и для того, чтобы существовало одно, необходимо, чтобы существовало и другое. Внутри Инь находится круг Ян, который символизирует, что тьма всегда требует света. Внутри я находится круг июнь, что говорит о том, что внутри света всегда найдется тьма.

Объединяющий их эллипс означает, что все течет, трансформируется и развивается. При дисбалансе двух энергий, Инь или Ян, наша жизнь не сбалансирована, так как вместе они усиливают друг друга. Мы никогда не должны думать, что одна энергия превосходит другую, они должны совпадать в равной степени.

К сожалению, в нашем обществе существует тенденция отдавать предпочтение энергии Ян, считая, что ее характеристики наиболее значимы. Тем самым мы создаем разделение между духовным и материальным планом, поскольку, снижая значение энергии Инь, мы становимся менее рефлексивными, считая, что восприимчивость — это нечто негативное, так как подразумевает хрупкость.

То же самое происходит и с темнотой, мы не только избегаем ее, но и боимся ее. Обе энергии важны. Мы можем быть духовными существами только тогда, когда существует баланс между Инь и Ян, потому что вы не только светлые, но и темные. Ошибочно ценить и отдавать предпочтение сильному, или действию. Мы должны ценить женское начало и чувствительность, потому что только так мы можем достичь истинного равновесия нашего существа, с позиции любви и твердости.

В знаках китайского зодиака присутствуют энергии Инь и Ян, и именно они определяют характеристики каждого животного и связанные с ними стихии.

Июньская энергия связана с темным, холодным, женским началом, абстракцией, глубиной и Луной. Июньские знаки вдумчивы, чувствительны и любопытны. Это Бык, Кролик, Змея, Коза, Петух и Свинья.

Энергия Ян связана со светом, теплом, поверхностностью, Солнцем и логическим мышлением. Это импульсивные и материалистичные знаки. Это Крыса, Тигр, Дракон, Лошадь, Обезьяна и Собака.

Энергии Инь и Ян связаны со стихиями, которые, в свою очередь, будут вытекать из годов, в которые они происходят. Каждый элемент обладает энергией Инь и Ян.

- Годы, оканчивающиеся на цифру **0,** имеют элемент Металл и связаны с энергией Ян.

- Годы, оканчивающиеся на цифру **1,** имеют элемент Металл и связаны с энергией Инь.

- Годы, оканчивающиеся на цифру **2,** **относятся к** стихии Воды и связаны с энергией Ян.

- Годы, оканчивающиеся на цифру **3,** относятся к стихии Воды и связаны с энергией Инь.

- Годы, оканчивающиеся на цифру **4,** имеют элемент Дерево и связаны с энергией Ян.

- Годы, оканчивающиеся на цифру **5,** имеют элемент Дерево и связаны с энергией Инь.

- Годы, оканчивающиеся на цифру **6,** имеют стихию Огня и связаны с энергией Ян.

- Годы, оканчивающиеся на цифру **7,** имеют стихию Огня и связаны с энергией Инь.

- Годы, оканчивающиеся на цифру 8, имеют элемент Земли и связаны с энергией Ян.

- Годы, оканчивающиеся на цифру **9,** имеют элемент Земли и связаны с энергией Инь.

Общие предсказания на год Дракона

10 февраля 2024 года начинается сенсационный Год Зеленого Деревянного Дракона, а согласно китайской астрологии, зеленый цвет символизирует жизнь, перемены и рост.

Ассоциированная планета - Юпитер, планета благоприятная; мы будем пожинать плоды, посеянные в 2023 году.

Год Дракона в 2024 году принесет нам удачу, процветание, благополучие и прогресс. У нас будет много возможностей для роста и трансформации, но также и вызовов, и сложностей, что подчеркнет необходимость прощения, сопереживания и принятия мирных решений.

В годы, когда стихией является дерево, жизнь вознаграждает людей общительных и профессиональных. Получение высшего образования или путешествие — вот некоторые из возможностей этого года.

У нас будет возможность развить свои лидерские качества, это год новых начинаний и создания структур, которые будут работать в долгосрочной перспективе.

Этот год Дракона благоприятен для перемен и роста, так как энергия деревянного дракона обладает способностью вдохновлять на новаторские идеи и возвышать наше воображение.

Нам предстоит прожить несколько этапов, которые будут полны трудностей, но именно в эти моменты мы должны использовать энергию дракона, чтобы добиться успеха и преодолеть трудности.

В течение года не забывайте, что дракон олицетворяет перемены и адаптивность - характеристики, которые помогут нам расти и обновляться.

2024 год будет насыщен возможностями для развития, мы переживем множество политических, экономических, реляционных и экологических конфликтов, что подчеркнет, что мирные решения — это ответ на любую проблему.

Этот год будет стимулировать нас к новым делам и развитию предпринимательства, так как энергия Дракона, его качества смелости и амбициозности будут вдохновлять нас.

У нас разовьется множество адаптационных способностей, а терпение и настойчивость позволят преодолеть все невзгоды и двигаться к успеху.

Этот год также благоприятен для работы над своим духовным ростом, особенно важно сохранять концентрацию на своих целях.

В целом, это будет год позитивных перемен и значительных достижений в нашей жизни, когда мы сможем найти любовь, укрепить отношения, добиться экономического и духовного процветания.

Происхождение китайского гороскопа

Китайский гороскоп — это традиция, насчитывающая более 5000 лет и основанная на лунных годах.

По преданию, Будда позвал всех животных, однако на его зов явились только двенадцать в следующем порядке: крыса, бык, тигр, кролик, дракон, змея, лошадь, коза, обезьяна, петух, собака и свинья.

Каждое животное получало в подарок год, образуя двенадцатилетний цикл, используемый в китайской астрологии. Таким образом, каждый знак имеет название животного, и каждому животному соответствует свой год.

Каждому животному также была присвоена одна из пяти стихий, соответствующих планетарным энергиям:

- вода (планета Меркурий)
- металл (планета Венера)
- огонь (планета Марс)
- дерево (планета Юпитер)
- Земля (планета Сатурн)

Китайский гороскоп выражает аналогию космических энергий с каждым человеком. Поэтому энергия каждого человека представлена одним из двенадцати животных, образующих эту зодиакальную систему.

Каждое животное и соответствующая ему энергия определяются датой вашего рождения. Эти энергии определяют ваше поведение и восприятие мира. Для китайцев эти знаки символизируют наиболее яркие особенности нашего характера. Чтобы правильно понять значение животных, мы должны рассматривать их как духовные символы.

Китайский гороскоп не основан на солнечном цикле, на котором базируется западный гороскоп. Он основан на циклах Луны. Каждый лунный год имеет двенадцать новолуний, а каждые двенадцать лет - тринадцатое, поэтому новый год никогда не совпадает с датой предыдущего года.

Двенадцать животных китайского гороскопа влияют на жизнь, удачу и волю всех людей. Эти качества не проявляются открыто в повседневной жизни, но они всегда присутствуют, действуя в виде скрытых сил.

Китайский двенадцатилетний период связан с транзитом планеты Юпитер, и каждый китайский лунный год в западной астрологии соответствует продолжительности транзита Юпитера по знаку зодиака. Юпитер всегда находится в том знаке западной астрологии, который традиционно соответствует животному в китайском гороскопе.

Элемент 2024 года - дерево. Дерево - творческий элемент. Если эта стихия соответствует вам по году рождения, то вам следует направить эту энергию в творческое русло.

Дерево символизирует сострадание и терпимость. Если вы хотите воспользоваться этими энергиями, важно в течение всего года окружать себя натуральными растениями, цветами и зелеными предметами.

Дерево - элемент, связанный со способностью проектировать и принимать решения, поэтому 2024 год будет годом развития, эволюции и расцвета.

Этот элемент связан с пищеварением, дыханием, сердцем и обменом веществ, и в традиционной китайской медицине он гарантирует непрерывный энергетический поток. Применительно к чувствам это означает правильное выражение наших эмоций.

В течение 2024 года дерево поможет нам обрести осознание и понимание объективной реальности. Оно принесет нам твердость и эмпатию в отношениях.

Дерево, связанное с нашей личностью, принесет нам необходимую дозу энтузиазма, решительности и динамизма, чтобы мы могли действовать и противостоять всем вызовам этого года.

Дерево - элемент, необходимый нам в этом году для принятия необходимых решений, для перемен, которые крайне важны.

Благодаря этому элементу мы будем иметь правильные стратегии, способность организовывать и сохранять контроль над всеми процессами, но при этом сохранять гибкость.

Хотя это элемент 2024 года, если у вас есть бизнес и вы хотите, чтобы он процветал и имел экономическое изобилие, вы должны учитывать и другие элементы.

В бизнесе **стихия Воды** является наиболее важной, поскольку она олицетворяет изобилие, богатство, власть, умение управлять, накапливать и сохранять свои деньги.

Вода не может застаиваться. Она не должна находиться в вазе, если воду не меняют каждый день, так как застой воды препятствует получению прибыли и отталкивает клиентов.

Чтобы деньги текли, должна течь вода. Если у вас есть бассейн, то его нужно чистить, а если есть фонтан, то он должен выполнять цикл входа и выхода из него.

В аквариуме она должна двигаться и насыщаться кислородом. В трубах она должна течь, хотя бы раз в день вы должны дать ей течь, открыв запорный кран.

В каждом бизнесе должна быть в движении стихия Воды, иначе он не будет накапливать товары и продвигаться вперед.

Даже если это всего лишь небольшой аквариум или емкость, в которой вода меняется каждый день.

Вода должна находиться у входа в бизнес или в северной или северо-западной зоне бизнеса, где хранятся деньги или осуществляется управление бизнесом.

Элемент Огня в бизнесе должен располагаться на юге помещения.

Она может находиться у входа, в конце или по бокам. Но если речь идет о пищевом бизнесе, то она может располагаться где угодно.

Огонь символизирует популярность и то изобилие, которое не накапливается, поэтому Вода должна использоваться на противоположной стороне от Огня, так как Огонь привлекает клиентуру, а Вода поддерживает экономический поток.

Элемент **Земли** является первичным, так как это основа, на которой все держится.

Два украшенных сосуда с засушенными цветами или каменный постамент могут символизировать стихию Земли.

Земля должна присутствовать в конструкции, а также находиться в центре помещения или на юго-востоке, поскольку именно там она проявляет себя наилучшим образом. Земля дает безопасность, но должна сопровождаться Огнем на Юге и Водой на Севере.

Земля стабильна, поддается формовке и является отражением всей планеты.

Если вы хотите, чтобы бизнес просто выживал и заботился о земной стихии, этого достаточно.

Элемент Металл очень динамичен и активен, имеет множество возможностей в бизнесе. В прошлом в Китае Металл считался золотом.

Элемент Металл олицетворяет силу и власть, постоянство, безопасность и богатство,

Его позиция - Запад, и не стоит забывать, что Металл усиливает любую позицию входа и выхода из бизнеса, наряду с кристаллом.

Деревянный элемент является основой конструкции, несмотря на свою хрупкость.

Дерево следует размещать на востоке бизнеса, но желательно располагать его диаметрально по отношению к Металлу.

Металл - на западе, Дерево - на востоке, Огонь - на юге, Вода - на севере, Земля - в центре, чтобы ваш бизнес всегда был успешным.

Значение стихий в китайском гороскопе

Элемент Металл

Люди, родившиеся в годы, оканчивающиеся на 0 или 1 в китайском гороскопе, относятся к стихии металла. Металл, из которого делают щиты и мечи, - элемент, символизирующий твердость и честность, а также суровость.

Металл - элемент осени, сезона урожая и изобилия. Он двойственен, как и функции его стихии, поскольку в виде меча он ликвидирует, а в виде ложки - питает. Металл происходит из земли, в нем доминирует Огонь, и он преображает дерево.

Личность этих людей, принадлежащих к стихии металла, имеет ярко выраженную амбивалентность. Лучше всего им работается в одиночестве, так как они ни перед кем не отчитываются.

Они целеустремленные, творцы своей судьбы, упрямые, профессиональные, равнодушные к любым попыткам компромисса. Свобода для них превыше всего, и бесполезно пытаться давить на них, а тем более помогать им, потому что они никого не слушают и не приемлют вторжений и препятствий. Они полагаются только на себя и не позволяют никому произвести на себя впечатление, поскольку они сильны и способны совершать великие дела.

Для них не существует трудностей, которые могут их остановить, и даже если ситуация становится несостоятельной, они сопротивляются до конца. Они амбициозны и расчетливы, любят деньги, власть и успех, и не пожалеют средств для достижения своих целей, даже если это будет означать разрыв отношений.

Они предназначены для профессий, позволяющих проявить свою стихию: ювелиры, финансисты, страховщики любого рода, слесари, шахтеры, хирурги, а также для любого контекста, который позволяет им выделиться среди других. Они также могут преуспеть в профессиях, связанных с деревом или бумагой. Профессии, связанные с водой, принесут им пользу, профессии, связанные с землей, могут вызвать конфликты, а от профессий, связанных с огнем, следует держаться подальше.

Их не интересуют чувства, их не трогают трудности других людей, и они манипулируют ими, если могут получить преимущество. Страдают от этого именно люди стихии дерева, поскольку она манипулирует ими и подавляет их лобовой агрессией. Однако люди водной стихии, поскольку они восприимчивы, получают эффективный толчок, который приносит им огромную пользу. Единственные, кто действительно может их прогнуть, — это представители стихии Огня, так как они с заразительной эмоциональностью доминируют над их бесчувственностью и суровостью.

Физически представителя стихии металла можно узнать по грустному взгляду и анемичному цвету лица. Они хрупки, склонны к стрессам, на них могут влиять перепады температуры и неправильное питание. Поэтому им следует возбуждать аппетит, делая упор на острую пищу.

Наиболее благоприятное время года для них - осень, в этот период они могут максимально раскрыть свои потенциальные возможности, но это не значит, что нужно переусердствовать или упрямиться. Ему следует носить белую одежду, использовать в качестве амулетов металлы и белый кварц.

Металл - жесткий и непреклонный, не боится опасности. Это независимый тип личности, который, движимый жадностью, действует настойчиво, концентрируется на успехе, планирует, не приемлет спонтанного.

Приняв однажды выбранный путь, он уже не меняет его. Несмотря на внешнюю невосприимчивость, люди этой стихии излучают магнетизм, который воспринимается всеми, с кем они общаются. Однако, чтобы воспользоваться своими способностями, они должны научиться быть менее догматичными, так как это мешает им в отношениях.

Люди, родившиеся под знаком металла, должны воспитывать себя, чтобы уметь выражать свои эмоции. Если

они этого не сделают, то почувствуют,
что их энергия уменьшилась.

Элемент Земли

Люди, родившиеся в годы, оканчивающиеся на цифры 8 или 9, относятся к стихии Земли. Этой стихии соответствуют такие характеристики, как стойкость, упорство и плодовитость. Хотя в китайской астрологии Земля не имеет собственного сезона, в календаре она связана с последними двумя-тремя неделями других сезонов.

 Земля - стихия, олицетворяющая стабильность и осязаемость, но при избытке она превращает людей в осторожных, подозрительных и упрямых, ограничивая их инициативы и фантазии.

Человек стихии Земли терпелив и скромен, всегда работает с постоянством, не давая себе ни секунды на радость или расстройство. Он никогда не устает и, может быть, как жадным и материалистичным, так и наивным и благоразумным. Самая несомненная его черта - подчеркнутое уныние. Он слишком серьезен, любит планировать и руководить, ужасно боится случайностей, и, хотя он умен и обладает исключительной памятью, ему мешает выглядеть блестяще.

Ненасытно рефлексирующий, амбициозный и тревожный, он, таким образом, подвержен перезарядке селезенки - органа, связанного с этой стихией и ослабленного при резкой психике человека.

Человек, принадлежащий к этой стихии, завязывает личные отношения постепенно, но надолго. Он очень предан и защитник в любви, всегда готов заключить договор и выполнять свои обязанности, и, хотя он не демонстративен в своих эмоциях, является плечом, на которое всегда можно рассчитывать, потому что он будет рядом в те моменты, когда вам это необходимо.

В работе они серьезны и уединены, но при этом организованны и надежны. Это именно те люди, которые ведут дела с моралью, строгостью и несгибаемой честностью. Рассудительность делает их непревзойденными посредниками в решении проблем, способствуя своим практичным и удобным выходам. Они подходят для профессий, требующих сноровки, но не предполагающих инициативы и лидерства.

Хотя ее нелегко переносить из-за капризности, ностальгии и неумения быть жизнерадостной, она хорошо взаимодействует с элементом металла, которому придает стабильность, и с водой, которую ей удается сдерживать и умело управлять.

Обычно он конфликтует с элементом Дерева, который хотя и защищает его, но иногда и душит, а также с Огнем, который подгоняет его в той же мере, в какой и ослабляет.

Элемент земли связан с планетой Сатурн. Вы должны быть невероятно осторожны с потреблением сладостей - того, что вы любите, поскольку это связано с вашей стихией. Им всегда следует выбирать натуральные сладости и ограничивать употребление белого сахара, так как он разрушает кальций в костной системе. Другим слабым местом этого знака является пищеварительная система, которая обычно сильно наказывает его, поэтому ему следует придерживаться легкой и легкоусвояемой диеты. Рекомендуется стремиться к прямому контакту с Матерью-Землей, ходить босиком по песку или в поле.

Его счастливый цвет - желтый, а кварц - топаз и цитрин.

Земля олицетворяет богатство, разумность, материализм и безопасность. Эти люди склонны к интроспекции, что обусловливает их большую способность к рассуждениям. Земля - вместилище жизни, и это накладывает неизгладимый отпечаток на тех, кто родился под влиянием этой стихии, поскольку это стабильные люди, которым можно делегировать полномочия.

Земля питается огнем, вырабатывая огромную энергию, которая нагревает и плавит металл, подчиняет себе воду и поглощает дерево.

Чтобы чувствовать себя хорошо, человеку стихии Земли необходима материальная обеспеченность, хотя следует отметить, что они трудолюбивы, формальны и организованны. Их можно упрекнуть в претенциозности, но в силу своих достоинств они продвигаются к цели медленно, получая стабильные результаты.

Элемент огня

Люди, родившиеся в годы, оканчивающиеся на 6 или 7, соответствуют стихии огня. К этой стихии относятся страсть, смелость, лидерство. Стихия огня — это стихия летнего сезона, когда все плодоносит и достигает своего завершения. Она связана с планетой Марс, благотворной, но иногда импульсивной. Она чрезмерно стерильна и символизирует человека, который преуспевает, но при этом плохо обращается с другими. Бойкий, тщеславный, раздражительный, человек этой стихии переходит от гнева к безудержной радости.

С детства он обладает лидерскими качествами, в его жизни присутствует честолюбие, он любит опасности, смех, энтузиазм, конфликты. Трудности, вместо того чтобы обескуражить, побуждают его к действию, и в этих случаях с ним происходят бурные метаморфозы.

Эти люди рождены побеждать, но не умеют этого признать, потому что не умеют наблюдать за собой и использовать свою энергию. Они великолепны в военной сфере, в спорте, в качестве начальников, так как другие гибнут перед их харизмой. Они умеют использовать энергию стихии дерева, ставя ее гений себе на службу, и вызывают у людей стихии земли жизненную смелость двигаться вперед. Люди водной стихии склонны гасить свою страсть, а люди металлической стихии подвергают ее испытанию жесткостью, истощающей их энергетическое поле.

Наиболее легко повреждаемым органом у этих людей является сердце, возможна тахикардия. Кроме того, они могут страдать от проблем с ушами и кишечником. Им следует носить одежду ярких цветов, среди которых преобладает красный, и использовать в качестве амулетов кварц, например гранат или гематит. Также следует использовать благовония и свечи.

Эти харизматичные, энергичные и беспринципные люди хорошо общаются и нацелены на действие. Их эгоизм и стремление к успеху не поддаются исчислению, и они полагаются только на собственное мнение. Они склонны пренебрегать деталями, иногда проявляют упрямство и берутся за достижение целей, требующих напряженной работы.

Люди, рожденные под влиянием стихии огня, позитивны, всегда отдают все силы и с любовью и желанием включаются во все, что делают.

Их энергия служит для поддержания окружающих, которым ее не хватает.

Огонь обогревает жилище; он позволяет нам готовить пищу. Этот элемент питает землю через пепел, он питается сухим деревом, то есть древесиной, его тепло доминирует над металлом, то есть делает его гибким, а доминировать над ним может только вода.

Лидер всегда обладает избытком стихии огня и склонен к быстрому принятию решений.

Его привлекают нестандартные идеи, он не боится опасности и всегда находится в движении. Ему важно научиться эмоциональному интеллекту, поскольку высокомерие может усилить эгоизм и сделать его неуправляемым, особенно когда он сталкивается с препятствиями. Этот само разрушительный стиль ярко выражен в юности.

Успех сопутствует людям огненной стихии, но им следует быть слишком осторожными с нестабильностью и неугомонностью, которые являются самыми обычными неадекватными качествами рожденных под огнем.

Лучше овладеть этими недостатками, чтобы не быть порабощенным ими.

Им следует искать тихое место, где они могут побыть в покое, а медитация также принесет им равновесие.

Люди стихии огня упорны и прибыльны.

Элемент Дерево

Люди, родившиеся в годы, оканчивающиеся на цифры 4 или 5, относятся к стихии дерева. Дерево — это элемент, символизирующий гармонию, красоту и творчество. Они обладают чрезвычайно высокой степенью уверенности в себе и железной волей, что делает их подходящими людьми для борьбы за правое дело.

Дерево связано с планетой Юпитер, это самая благотворная из стихий, символ постоянства и знания. Приспосабливаемое, оно удобно гнется и имеет множество применений,

характеризуя общительных, дающих и
честных людей.

Люди стихии дерева творческие и
жизнелюбивые, но иногда они
разбросаны и не могут найти свой путь и
реализовать свои цели. Они доверяют
другим до невинности и любят общаться
со всеми подряд, постоянно открывая для
себя что-то новое и удовлетворяя себя.
Их привлскает природа и дети, они
отдают предпочтение семье.
Иногда они склонны к неоправданным
ожиданиям, имеют привычку принижать
свое тело, чрезмерно налегать на еду,
увлекаться страстью и чувственностью.
Они привыкли выбирать себе в партнеры
представителей водной стихии, от
которых черпают смелость и поддержку,
и представителей огненной стихии,
которых они выгодно снабжают своими
блестящими идеями.
Он не очень хорошо уживается с
металлическим элементом, который
безжалостно его разрушает.

Элемент Дерево узнаваем по зеленоватому цвету. Этим людям следует беречь глаза.

Дерево используется для строительства убежищ, поэтому оно защищает нас. Дерево совпадает с творческими способностями воды, и благодаря этому качеству они понимают и помогают другим.

Рожденные под стихией дерева испытывают внутренние противоречия, заставляющие их подчиняться правилам и традициям, где постоянно действует суровое осуждение. Эта стихия питает воду и в то же время является топливом для огня. Ее энергию всасывает земля и подчиняет себе металл. Люди стихии дерева всегда добиваются больших успехов и имеют желанную структуру. Их призвания многогранны. Они придают огромное значение честности, стремятся найти постоянное место в жизни. Вера в успех, аналитические способности дают им возможность без колебаний решать самые сложные проблемы. Обладая невероятной силой убеждения, они работают во многих областях, поскольку всегда стремятся к развитию и преобразованиям. Природная воля помогает им двигаться вперед, и они всегда находят поддержку и необходимый капитал, поскольку другие люди рассчитывают на их способность превращать идеи в богатство.

Его главное препятствие - доводить дело до крайности. Гнев и сдерживаемый гнев отрицательно влияют на энергии этого элемента. Нахождение вблизи деревьев и прикосновение к ним уравновешивает стихию дерева.

На работе люди, принадлежащие к стихии дерева, отличаются организованностью, умом и находчивостью. В коммерческой деятельности они более плодотворны, когда работа носит командный характер и хорошо структурирована.

Ни одна сфера деятельности, связанная с их стихией, не является неблагоприятной, но та, что связана с огнем, может повлиять на них, а та, что связана с металлом, погубит их.

Элемент воды

Самый нечувствительный и генетический элемент, аффинный к зиме, долголетию и планете Меркурий, является управителем общения и глубоких привязанностей.

Человек водной стихии чувствителен, но герметичен. Он милосерден, сентиментален, раним, не терпит критики и поэтому предпочитает действовать скрытно, чтобы защитить себя. Он сердечен, красноречив и в то же время благоразумен, умеет преодолевать неудачи без показухи, с помощью хитрости, проницательности и настойчивости. Таким образом, он достигает своих целей косвенно и молча, производя впечатление внимательного и понимающего человека.

Недостаток энергии - проблема для водного элемента, если он не научится уравновешивать свою беспомощность силой, которая приходит от размышлений и общения с самыми глубокими частями своего существа. Паника всегда является путеводной нитью его драматической жизни, часто прожитой в темноте из-за страха проявить себя и вступить в борьбу.

На профессиональном уровне их сдерживает конкуренция, однако они хорошо работают в чистых и защищенных местах, таких как школы, книжные магазины, редакции или любые места, где общение, устное или письменное, является основным механизмом, и в компании мирных коллег, соответствующих их личности, таких как, например, человек стихии дерева, с которым совпадает стремление к мудрости, или металла, от которого они получают решение. И наоборот, он не приспосабливается ни к представителям стихии огня, которых он гасит и отталкивает, ни к людям, принадлежащим к стихии земли, с которыми он чувствует себя ограниченным, обусловленным и затрудненным.

Черный цвет благоприятствует им, но использовать его следует умеренно, поскольку оп, как правило, отпугивает их. То же самое происходит с темными кварцами, привлекающими удачу, такими как струя, оникс, турмалин. Чтобы наилучшим образом использовать свои качества, не впадая в крайности и не распыляясь, человеку водной стихии следует начинать свои планы зимой.

В позитивные периоды любовных отношений представители этой стихии проявляют нежность, уравновешенность и осторожность - потенциалы, позволяющие им вести себя с необходимой проницательностью, чтобы устранять причины конфликтов, когда они возникают.

Они обладают невероятной способностью к рассуждениям, хотя их замкнутый, глубокий и пасмурный характер приводит к тому, что они склонны к меланхолии. Им также свойственны неуверенность в себе и дерзость. Творчество - одна из основных характеристик этой стихии, а также адаптация, мягкость, милосердие и сочувствие. Без воды на земле не было бы живых существ, эта стихия чиста и кристальна, какими качествами обладают те, кто принадлежит к этой стихии.

Люди, принадлежащие к этой стихии, приветливы и прекрасно владеют собой. Они обладают оригинальной интуицией, которая позволяет им быстро завоевывать. Выносливость и ясность мышления дают им возможность предсказывать события.

Они могут воспринимать способности других людей, эффективно их использовать, но при этом они сдержанны и не позволяют окружающим заметить, что они их используют.

Злоупотребления натрием или алкалоидами, а также жизненные прототипы, отклоняющиеся от общепринятых структур, очень вредны для людей, рожденных под стихией воды. Соблюдение режима сна, спокойное психическое и эмоциональное состояние, контакт с водой восстанавливают их гармонию и оптимизируют энергетику.

Люди, принадлежащие к знаку водной стихии, могут иметь профессии, связанные с деревом и огнем, и быть успешными, иметь работу, связанную с

их собственной стихией, и отказываться
от карьеры, функций и работы,
связанных с землей, так как земля
подчиняет себе воду.

Совместимость и несовместимость

Они совместимы:

Крыса - Дракон - Обезьяна.

Они общаются друг с другом через свои личности, которые постоянно активны и дружелюбны. Все трое старательны, нетерпеливы, полны энтузиазма, неугомонны и всегда имеют в голове высокие устремления. Они полны идей, обладают выдержкой и смелостью, необходимыми для их реализации, и всегда рождают новаторские, неожиданные, удивительные и мощные решения.

Тигр - Лошадь - Собака.

Их объединяет удовлетворение, которое они испытывают при взаимодействии. Их объединяет скромность, достоинство, честность и упрямый альтруизм. Проницательные, проницательные и коммуникабельные, но немного жестокие и строгие, они энергично борются с неравенством, насилием и беззаконием. Эти три знака никогда не продают свою совесть.

Бык - Змея - Петух.

Эти три знака объединяет формальность, разумность и серьезность, которой они добиваются в своей жизни. Энергичные, предприимчивые и неутомимые, негибкие в своих решениях, они любят все переосмыслить и спокойно спланировать, прежде чем брать на себя обязательства, о которых потом придется пожалеть. Их недостаток - холодность, поскольку разум для них должен преобладать над эмоциями.

Кролик - Коза - Свинья.

Три эмоциональных знака, которых объединяет творчество. Инстинктивные, восприимчивые, чувствительные и замкнутые, они легко приспосабливаются к среде обитания и, будучи хорошими добытчиками, не прочь зависеть от других. Их ежедневные аффирмации всегда содержат в себе слова: совершенство, союз, соответствие.

Примечание: Противоположные знаки - противоположные враги:

Крыса - Лошадь

 Бык - Коза

Тигр - Обезьяна

Кролик - Петух

Дракон - собака

Змея - Свинья.

Дракон

Характеристики:

Понять человека знака Дракона довольно сложно. Это животное обладает способностью убеждать любого, кто не очень проницателен, но это заставит его заставить поверить себе, если его слушатели обладают обычными умственными способностями. По этой причине ему иногда бывает одиноко. Дракону нравится это качество быть не таким, как все, и он полагается на него, чтобы избежать социальных контактов.

Друзья прекрасно проводят с ним время, поскольку он спонтанен, и никогда нельзя предугадать, что он будет делать дальше. Они работают на себя и стараются не нуждаться ни в ком на работе. Поэтому они часто открывают свой собственный бизнес и развивают его, используя оригинальные идеи.

Дракон всегда считает себя правым, и даже если он ошибается, для него это будет неудачная попытка, обязательная в цепи эволюции к большему прогрессу, который обеспечит ему возможность не ошибаться снова.

Кто-то будет очарован и подчиняться приказам Дракона, кто-то будет ненавидеть его и пытаться расставить ловушки, чтобы он пал, а кто-то будет воспринимать его как редкий экземпляр издалека, не приближаясь к нему.

Другие знаки не знают, как вести себя с драконом, но драконы, благодаря своему интеллекту, научились действовать по-разному, чтобы подстроиться под других. Этим умением обладают не все драконы. Большинство из них склонны оставаться такими, какие они есть, поскольку считают, что навязывать свой образ жизни — значит бесполезно тратить энергию и что те, кто действительно должен приспосабливаться, — это другие, а не они.

Возможно, что, хотя Дракон и обладает проницательным умом, он иногда не осознает многих вещей, которые находятся на человеческом уровне, например, двойных намерений, а также всех тех человеческих качеств, которые склонны к обману и извращениям. По этой причине Драконы могут переживать критические моменты в отношениях в целом.

Хотя драконы любят красоту, страсть их, как правило, длится недолго, если только Купидон устремляет в них свои стрелы. Они сразу же ищут другого партнера, с которым можно насладиться мимолетными мгновениями страсти.

Только такой проницательный и тонкий партнер, как дракон, может его соблазнить.

Они не ревнуют, потому что у них никогда не было повода для ревности. А если их партнер неверен, они относятся к этому философски. Они ищут в партнере новые ощущения, и как только он не предлагает ничего нового, начинают искать другого.

Между Обезьяной и Драконом существует неизбежное притяжение, поскольку оба поддаются очарованию внешних качеств другого.

Дракон и Крыса составляют неразрывное сочетание, поскольку озорство Крысы заменит невинность Дракона, а сила Дракона поможет Крысе в ее бессилии.

Змея помогает утихомирить порывы, спровоцированные импульсивностью Дракона, и придает твердость, чтобы этот человек наслаждался своим интеллектом, когда умеет остановиться, чтобы поразмыслить.

Тигр, Петух, Лошадь, Коза, Кролик и Свинья попросят Дракона защитить их и поделиться с ними своими благами.

Два Дракона могут хорошо уживаться, если они соединяются как неуязвимое целое, предвидя, что им не следует соперничать друг с другом, чтобы не раздавить и не свести на нст возможности друг друга.

Дракон

Деревянный дракон

Деревянные Драконы - интроверты и не любят говорить. Они не проявляют энтузиазма в дружеских отношениях, поэтому у них не так много близких друзей.

Несмотря на нехватку личных отношений, Деревянные Драконы выделяются среди сверстников своей возвышенностью, но это не означает, что они любят быть в центре внимания.

Металлический Дракон - диверсант и гордец. Они настолько высоко ценят свои природные достоинства, что часто бывают чрезмерно требовательны. Их самоуверенность вызывает гнев у окружающих. Металлическому Дракону свойственны верность и постоянство, но также и раздражительность, наиболее выраженная из всех Драконов.

Металлический Дракон - боец, он ищет сочувствия у тех, кто похож на него по интеллекту или социальному статусу. Апатия и глупость доводят его до отчаяния. Металл позволяет Дракону запугивать слабых и подчинять их своей воле.

Он активно защищает свое мнение и готов отдать за него жизнь. Этот Дракон - прирожденный боец, не знающий понятия "невозможно".

Огненный дракон

Огненный Дракон нравится окружающим. Хотя не все Огненные Драконы проницательны, большинство из них умеют правильно действовать в нужное время и максимально использовать открывающиеся возможности. Все это приносит им многочисленные успехи в жизни.

Они могут приспособиться к любой ситуации, даже если она нестабильна. Этот Дракон - лидер высшего класса, который все проверяет и оценивает. Люди, которые его знают, обычно стараются не разочаровывать его, потому что он всегда умеет поставить себя в положение других. Он любит помогать и советовать, такое отношение в сочетании с его верностью, искренностью и трудолюбием дает ему дополнительные преимущества. Несмотря на все эти прекрасные качества, его стремление к отшельничеству и самоизоляции мешает ему проявить свои таланты и способности.

Огненный дракон - самый галантный и жизнерадостный из всех, его больше, чем других драконов, прельщает борьба. Несмотря на эту агрессивность, он наделен безграничной энергией и может многое предложить другим людям. Он является воплощением превосходства, поэтому люди испытывают страх, находясь рядом с ним.

Он грамотный руководитель, но часто хочет, чтобы с ним обращались как с королем, разрушая все своим эго. Огонь делает Дракона решительным и наделяет его поведением тирана.

Огненный Дракон давит на других даже тогда, когда у этих людей уже нет сил продолжать.

В любом случае он мягок, искренен и беспристрастен. Его критика, как правило, объективна. Он способен быть лидером множества людей, так как по своей природе является архитектором империй.

Земляной дракон

Земляной Дракон проницателен, ненасытен и трудолюбив, он всегда ищет пути для позитивных действий в жизни. Однако они склонны делать все наполовину.

Земные Драконы обладают любящими сердцами без тени злобы и призваны быть филантропами.

Земляной Дракон феноменально успешен. Он не только добивается всего, что задумал, но и окружающие всегда готовы ему помочь, то есть очень ценят его.

Земные Драконы всегда хотят лучшего для других. Они немного упрямы и настойчивы, постоянно придумывают себе дело и часто становятся очень богатыми людьми.

Любознательные и скрупулезные, они пробуют себя в самых разных профессиях и учатся всю жизнь. Романтические переживания могли бы скрасить монотонную жизнь этих Драконов, но они предпочитают работать, чтобы сохранить свой статус.

Этому Дракону свойственна непримиримость, и ожидать от него чего-то другого просто нелепо. Однако он справедлив и ценит мнение других, даже если не согласен с ним. Стихия Земли делает его реалистичным, уравновешенным и часто даже немного безличным.

Хотя он не такой жесткий, как другие Драконы, ему нравится подгонять людей. Они упорны в своих способностях и стараются применить их на практике.

 Этот Дракон знает, как важно сотрудничество между людьми, и упорно работает на благо общества.

Земляной Дракон умеет властвовать над собой, он любит брать инициативу в свои руки, заверщая все начатое без колебаний.

Он аристократичен, сдержан и не желает спорить. Однако если принизить его чувство собственного достоинства, он, несомненно, проявит гнев, так как требует к себе почтительного отношения.

Металлический дракон

Металлические Драконы естественны, но часто меняют свое мнение, поскольку их эмоции сменяют друг друга. Они непредсказуемы во многих случаях, но не представляют вреда для кого-либо.

Они любят семейную жизнь, наслаждаются гармонией, и им особенно важно заботиться о своем здоровье, так как психосоматические заболевания могут атаковать их.

Металлический Дракон озорной и гордый. Он настолько увлечен своими врожденными способностями, что чрезвычайно требователен к себе. Их уверенность в себе неоспорима, но это вызывает недовольство окружающих. Металлических Драконов отличает праведность и упорство, и, хотя они иногда легко раздражаются, но при большом желании могут избавиться от этого негативного свойства своего характера.

Он самый непостоянный из всех Драконов. Он хорошо общается, очень откровенен, понятлив, но в то же время жесткий. Металлический Дракон побуждает к действию, является возмутителем спокойствия и стремится к дружбе со всеми, кто похож на него по социальному статусу. Лень и тупость его раздражают. Металл позволяет Дракону подчинять себе самых слабых и склонять их к своей воле.

Он с подозрением относится к своим мнениям и готов отдать за них жизнь, если потребуется. Этот Дракон - прирожденный боец и может демонстрировать заторможенную способность к личному мужеству. Металлическому Дракону не хватает такта, и он привык бороться со всеми проблемами в одиночку.

Металлический Дракон усерден, борется за свои цели, даже если это означает дерзость. Приняв решение, он атакует и не отступает.

Водяной дракон

Водяной Дракон проницателен, но ему не хватает оригинальности, и он часто плывет по течению. Водяные Драконы обладают огромной силой и упорством. Они всегда внимательно относятся к каждой детали, потому что их цель - сделать все идеально. Единственный недостаток - легкая утомляемость.

Они вызывают восхищение у своих друзей благодаря своему рассудительному и саркастическому стилю, что также приносит им множество романтических свиданий. Эти Драконы знают, как извлечь из этого пользу, чтобы найти свою настоящую любовь.

Водяной Дракон очень конформный. Он все делает медленно, но структурированно. Этот Дракон требует, чтобы результат был наилучшим из возможных, и для этого он использует все методы для его достижения.

Он никогда не упускает возможности добиться успеха. Он очень общителен и отзывчив, всегда вызывает восхищение у своих друзей, так как обладает выдающимися качествами, особенно организаторскими. Ему нравятся откровенные разговоры и веселые компании.

 Водяной Дракон не так силен, как другие, но ради общественного блага он может отбросить свою гордость. Они не материалисты, очень сдержанно относятся к своим вещам и много упорствуют, поскольку не так загадочны, как другие Драконы.

Это не означает, что он послушен, напротив, благодаря своей силе воли, ожидайте увидеть странные взгляды этого Дракона, потому что он любит быть верным себе.

Вода успокаивает энергию Дракона и оказывает на него благотворное влияние, давая ему контроль над своими действиями и знание того, что необходимо для уверенного движения вперед.

Прогнозы 2024

Дракон

В этом году Дракона ждет стабильная и благополучная карьера, которая позволит вам добиться не только профессиональных успехов, но и экономического процветания. Если есть работа с возможностью продвижения, то она будет Вашей. Это не значит, что у Вас не будет конкурентов, но Вы завоюете эту должность, так как сможете проявить свои истинные способности.

Вы также сможете инвестировать в недвижимость, образование и другие предприятия, и, хотя инвестиции могут продвигаться медленно, в итоге вы получите прибыль.

Отношения с партнером могут ухудшиться, но, несмотря на это, Вы будете продвигаться в своем бизнесе. В начале года возможны ссоры с партнером или отсутствие взаимопонимания по каким-либо рабочим вопросам, но с течением года вы устраните это недопонимание и будете принимать решения в интересах бизнеса.

В своем стремлении к престижу драконы могут столкнуться с людьми, с которыми они не согласны, что приведет к некоторым ссорам, лучший подход - решить проблему как можно быстрее. Избегайте умственного и физического переутомления и потери времени.

Если в этом году Вам удастся проявить свою дипломатичность и зрелость, то 2024 год сулит Вам многое, особенно Драконам, имеющим постоянного партнера или стремящимся к стабильности. Преодолевая трудности, стоящие на вашем пути, вы почувствуете себя ближе, чем когда-либо, к своему партнеру.

Одиночки встретят родственную душу и смогут установить длительные отношения.

Следует обратить внимание на состояние горла, легких и дыхательной системы в целом. Рекомендуется избегать загрязненного воздуха.

Слишком сильный стресс может вызвать боли в мышцах и нежелание заниматься физической активностью, что может пагубно сказаться на здоровье. Поддерживать идеальный вес поможет здоровое и сбалансированное питание, употребление воды, отказ от кофе и алкоголя. Занятия спортом помогут сохранить эмоциональное и физическое равновесие.

2024 год будет успешным, если вы не будете доверять всем подряд. Если Вы будете усердно трудиться на своей работе и заботиться о финансовых деталях, то Ваш профессиональный статус и репутация повысятся. Возможны поездки, связанные с работой, и даже если Вы не любите ждать, в этом году Вам следует проявить терпение и осторожность, чтобы сеять с умом и спокойствием. Если Вам это удастся, то в будущем Вы сможете добиться больших успехов и прибыли.

Вам придется много работать над общением с семьей, особенно с детьми.

Вы не будете согласны с тем, как они действуют или какие решения принимают. Вас будут неправильно понимать.

Сочетание знаков Зодиака с китайским гороскопом

Если объединить восточные и западные гороскопы, то поразительно, насколько они связаны и точны.

Китайский и западный гороскопы являются наиболее используемыми гороскопами. Если у Вас есть возможность глубоко разобраться в них, то это облегчит Вам их использование и позволит иметь централизованный подход. Оба гороскопа основаны на положении звезд, но в китайском гороскопе используется 28 созвездий, а в западном - 88. Китайский гороскоп основан на 12 животных, которые управляют каждым годом, а западный - на 12 знаках, которые управляют каждым месяцем.

Китайский гороскоп основан на лунном календаре и является самым древним из

известных на сегодняшний день
гороскопов. Ваш знак зодиака совпадает
с вашим знаком в китайском гороскопе,
но это случается нечасто. Если бы это
было так, то предсказания были бы более
точными.

**Между знаками обоих гороскопов
существует эквивалентность:**

Овен/Дракон,

Телец/Серпент

Близнецы/Лошадь

 Рак/Коза

 Лев / Обезьяна

Дева/Петух

 Весы / Собака

Скорпион / Свинья

Стрелец / Крыса

Козерог/Овен

Водолей / Тигр

Рыбы / Кролик

Комбинации

Дракон

Овен / Дракон

Такое сочетание приводит к появлению энергичного человека. Для него не существует преград. Жизнь наделила его способностями настоящего лидера. Иногда они бывают импульсивны и мало терпимы к недостаткам других.

Как враг они жестоки, самоуверенны, очень тщеславны. Они никогда не считаются с мнением окружающих и стремятся к величию любой ценой и при любых обстоятельствах.

Телец/Дракон

Эти люди очень уравновешены. Выносливость знака Тельца в сочетании с интенсивной энергией Дракона склоняет к экстравагантным поступкам.

Это интеллигентный, приземленный человек. В то же время он жизнерадостен и любит баловать себя всякими мелочами. Однако он никогда не тратит свою энергию понапрасну.

Близнецы/Дракон

Эти люди энергичны и всегда находят способы реализовать свои фантазии. Они невероятно удачливы, благодаря своей интуиции очень тонко воспринимают окружающие их энергии.

Человека этой комбинации отличают не только знания и веселость, но и зрелость. Это динамичная и невероятно известная личность. Он наделен многими способностями, но самая значительная из них - тонкость.

Рак/Дракон

Это человек, который всегда готов, ценит людей и искренне радуется их победам. Этот Рак не так чувствителен, как остальные. Дракон придает ему силу и уверенность в себе.

Он обладает ровным характером и не совершает необдуманных поступков. Методичный и спокойный, он может бросить решительный вызов. Он упрям, непостоянен и бестактен.

Лев / Дракон

Это человек, который с рождения стремится к успеху. Для него не существует неудач и поражений. Он умен и уверен в себе, поэтому решает любые задачи. Союз Льва и Дракона -

феноменально удачное сочетание,
которое наделяет человека
необыкновенной привлекательностью.
Его жизнь успешна, и он легко
добивается всего, чего хочет.

Дева/Дракон

Этот человек силен, предпочитает решать
все проблемы, а не погрязать в ерунде.
Он обладает грандиозным воображением
и является человеком со сложным
характером. Он производит впечатление
спокойного человека, но на самом деле
мечтает о славе.

Это идеалист, уверенно стремящийся к
совершенству. Одним словом, это
неординарная и уникальная личность.

Весы/Дракон

Человек с такой комбинацией сдержан и
интеллигентен. За его обаятельной

личностью скрывается сильный темперамент. Ограниченный в общении, он оберегает свой внутренний мир от внешнего любопытства. Его отличает доброжелательность, энергичность и жизнерадостность.

Он всегда внимателен к чужим проблемам, но в силу своей мягкости не может пройти мимо чужих несчастий. Хотя ему нравится одиночество, иногда он нуждается в друзьях.

Скорпион/Дракон

Эти люди живут в соответствии со своими убеждениями, поскольку не умеют подстраиваться под чужие стандарты. Они очень самодостаточны, не любят жаловаться и тем более проклинать свою удачу.

Мощь огня Дракона придает ему силы, а упорная натура Скорпиона не позволяет ему прекращать борьбу и падать. Он обладает очень большой смелостью, его трудно разглядеть и невозможно приручить.

Стрелец/Дракон

Это сочетание дает миру жизнерадостных и оптимистичных людей, умеющих радоваться жизни. Наиболее яркой характеристикой знака Стрельца является его оптимизм, Дракон делится с ним своей силой. Этот человек готов к любым испытаниям. Это один из самых сострадательных Драконов, его сила может вызывать только зависть.

Он обладает способностью поощрять, поэтому его всегда окружают друзья.

Козерог/Дракон

Это человек, который уверен, что всегда добьется успеха. Он не боится проигрывать, потому что знает, что неудачи — это уроки и ступеньки для движения вперед.

Он скромен и достоин, никогда не просит пощады, добивается всех своих целей через работу, отличаясь эффективностью. Он сочетает в себе качества обоих знаков - практичность, смелость, скрытность. Это прирожденный победитель, обладающий энергией и необыкновенной харизмой.

Водолей/Дракон

Это сочетание дает неординарную личность с несравненным творческим потенциалом. Он стремится к свободе, чтобы иметь возможность жить так, как ему хочется, и является вечным мечтателем. Для него вполне нормально ошибаться, хотя иногда ему очень трудно увидеть свои ошибки. Под влиянием Дракона Водолей обретает здравомыслие. Люди этого сочетания известны своей разносторонностью и резкими переменами характера.

Рыбы/Дракон

Из этой комбинации выходит хрупкий и беззащитный человек. Это недоверчивая, осторожная и строгая личность.

 Им свойственно постоянно сомневаться, однако иногда они способны на рискованные поступки, если нужно защитить себя. В этих людях много загадок, но главные их черты - откровенность и спонтанность.

Оформление дома в соответствии с требованиями фэн-шуй

Фэн-шу — это китайская философия, изучающая окружающую среду, основанная на теории июнь и я и пяти стихий.

Специалисты показали, что в древнем Китае регулярно выбирали участки на территориях, окруженных горами и имеющих реку. Это происходило не только потому, что такие территории обеспечивали главные критерии выживания, но и для того, чтобы соответствовать закономерностям, установленным Фэн-шуй.

Основная идея фэн-шуй - достижение равновесия между человеком и Вселенной. Если есть хорошие энергии, то есть и баланс, поскольку Фэн-Шуй влияет на судьбу каждого человека.

Изучая фэн-шуй, человек может работать над своей совместимостью с природой, окружающей средой и своей жизнью, чтобы достичь большего процветания и здоровья в жизни.

Теория пяти элементов

Теория пяти элементов является одной из составляющих Фэн-Шуй. Эти элементы играют важную роль в определении правильного Фэн-Шуй в каждом помещении. Этими элементами являются Огонь, Земля, Металл, Вода и Дерево, и каждый из них имеет свою специфику, символизирующую определенные аспекты жизни.

Пять элементов — это выражение, используемое в фэн-шуй для объяснения структуры природы. Эти элементы действуют совместно и должны быть всегда сбалансированы.

Фэн-шуй для двенадцати знаков китайского гороскопа

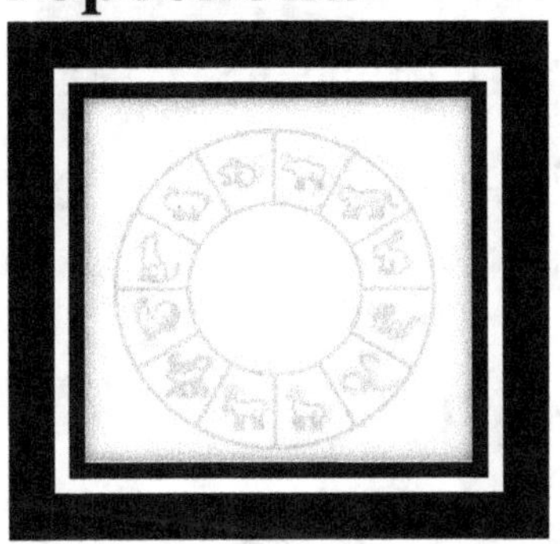

Знак Крысы

Вода благоприятствует людям, родившимся под знаком Крысы, она помогает им обрести процветание. Чтобы добиться изобилия, им следует поставить аквариум с золотыми рыбками в северной части офиса.

Знак Быка

Люди этого знака достигнут процветания, если будут использовать стихию Огня. Для этого им следует

разместить фарфоровые или
керамические изделия на своих
предприятиях или в офисах, а также в
своих домах.

Знак Тигра

Стихия земли — это то, что следует
использовать людям, принадлежащим к
знаку Тигра. Им следует добавить что-то
соответствующее, символизирующее
стихию земли. Горшечное растение или
естественно растущий цветок могут
принести в их жизнь процветание.

Знак кролика

Для удачи и привлечения изобилия
людям знака Кролика необходимо, чтобы
в их жизни присутствовал тайный
элемент земли. Для этого следует
спрятать нефрит или цитрусовый кварц в
северо-восточной части дома или офиса.

Знак дракона

Северо-Запад отлично подходит для тех, кто родился под знаком Дракона. В этом направлении им следует поставить чашу с чистой водой, смешанной с небольшим количеством земли. Другой вариант - поместить в чашу цветок лотоса.

Знак Змеи

Процветание придет в жизнь людей, принадлежащих к знаку Змеи, если они будут использовать в своем доме или офисе металлические предметы, в частности золото и серебро.

Знак Лошади

Северо-запад - рекомендуемое положение для людей знака Лошади, чтобы получить большой капитал. Им следует поместить металлическую лягушку на северо-западе своего дома или предприятия.

Знак Козы

Север - соответствующая кардинальная точка для людей, родившихся под знаком Козы. Им следует поместить небольшую деревянную шкатулку или другой деревянный предмет на севере своего офиса или дома.

Если используется деревянная коробка, то в нее нужно положить предмет, связанный с их профессией. Например, писатель может положить в коробку карандаш.

Знак обезьяны

Чтобы в жизнь людей, родившихся под знаком Обезьяны, пришло благополучие, им следует поставить растение своего размера или больше в этой кардинальной точке на западной стороне дома или предприятия.

Знак петуха

Удача придет в жизнь тех, кто принадлежит к знаку Петуха, если они положат несколько семян в стакан, бутылку или чашу темно-красного цвета. При этом не следует использовать металл.

Знак "Собака

Людям, принадлежащим к знаку Собаки, следует отказаться от элементов Воды и Земли в своей жизни. Они могут поставить в своем офисе или доме поленья или ветки растений, но нельзя ставить их в Воду или Землю.

Знак Свиньи

Людям, родившимся под знаком Свиньи, для привлечения удачи необходим элемент Огня в их жизни. Они могут поставить в своем доме керамический поднос или другие предметы из глины.

Фэн-шуй 2024

В этот год Дракона следует носить браслеты или браслеты из жемчуга.

Амулет с фигуркой Дракона или куранты с кристаллами "Фэн-шуй удачи" следует поместить на юго-востоке дома или в семейной зоне спальни, кабинета.

Не забудьте украсить свой дом зелеными растениями, натуральными цветами разнообразных расцветок, фотографиями, картинами или изображениями, характеризующими пейзажи и сады.

Также следует использовать деревянные украшения и не размещать фотографии умерших членов семьи рядом с текущими семейными фотографиями, так как вибрации этих фотографий несут боль и отнимают у вас энергию.

Китайский Новый год имеет множество традиций, связанных с прощанием со старым и началом нового. Одна из традиций, которую мы рекомендуем соблюдать, - не готовить на домашней кухне в первый день китайского Нового года по лунному календарю, так как доставать острые инструменты, например ножи, привлекает дурную примету. Это может лишить удачи на весь оставшийся год.

Первые 15 дней китайцы празднуют Новый год, и, хотя иногда на это действительно не хватает времени, желательно подготовиться заранее.

Если вы успеете подготовиться заранее, это поможет вам привлечь благополучие. В этом году за два дня до наступления китайского Нового года, т. е. в четверг, 8 февраля 2024 г., начните делать глубокую уборку в своем доме. Не забывайте, что уборка в первый день Нового года считается плохой приметой, так как вы выметете всю свою удачу за порог.

В ночь перед китайским Новым годом, в пятницу, 9 февраля 2024 года, спланируйте и запишите все свои цели на год, если вы не сделали этого 1 января.

Запишите абсолютно все свои желания после Новолуния в пятницу 02.09.2024 в 5:58 вечера по восточному времени. Какие цели Вы хотите достичь в своей профессиональной деятельности, в сфере финансов, в любовной и семейной жизни? Напишите список для каждой сферы вашей жизни, которую вы хотите улучшить.

Если у вас есть возможность приобрести деревянный сундучок, то это будет идеальным вариантом, так как в него можно положить список желаний вместе с пиритовым кварцем и цитрином, известными как камни, привлекающие процветание и изобилие. В сундучок следует положить три китайские монеты, поскольку они являются традиционными символами изобилия.

Все, что вы положите в этот сундучок, будет защищать ваши желания и усиливать энергию процветания. Хранить сундучок следует в специальном безопасном месте, лучше всего на возвышенности, так как в этом случае вы сможете притягивать положительные энергии, находясь на видном месте.

Не забудьте надеть новую одежду, потому что она символизирует новые энергии, которые вы хотите привлечь в свою жизнь. Вам следует надеть какие-нибудь детали красного цвета.

В частности, в Новый год постарайтесь не расстраиваться, по возможности возьмите выходной, чтобы не волноваться из-за пробок и забот. Не забудьте зайти на рынок и купить пакет апельсинов, так как это символизирует приход благополучия в ваш дом в новом году.

Советы на 2024 год

Этот год благоприятен для личностного роста, поэтому следует использовать открывающиеся возможности и не только развивать свои навыки, но и осваивать новые.

Все, что вы делаете в 2024 году, — это инвестиции в ваше будущее. Это будет очень напряженный год, но его энергия обнадеживает, потому что год Дракона даст вам возможность добиться успеха. Однако для того, чтобы получить выгоду, необходимо изучить все имеющиеся варианты и проанализировать все возможности.

Вы должны быть внимательны и готовы выслушать все советы и помощь. При наличии силы воли и инициативы перед вами откроются новые двери.

В этот год Дракона предстоит многому научиться, но если вы примете вызов, то сможете не только продвинуться в своей профессии и увеличить доход, но и приобрести ценный опыт.

В год Дракона вы не только получите большую финансовую выгоду, но и, благодаря своей предприимчивости, найдете хобби, которое принесет вам благополучие.

Однако необходимо соблюдать дисциплину в расходовании средств и тщательно составлять бюджет, особенно если вы участвуете в исключительно крупных сделках.

Если в течение года вам придется подписывать контракты или заключать важные соглашения, необходимо проверить условия и все последствия.

Чтобы добиться наилучших результатов, необходимо вести сбалансированный образ жизни, заниматься спортом, соблюдать режим сна и правильно питаться. Вам будет полезно завести новых друзей.

В год Дракона жизнь может вести себя загадочно и притягивать удачные события, которые откроют перед вами множество возможностей. Шанс играет ключевую роль в вашей жизни в этом году, трансформируя ваше экономическое положение. После мая будет наблюдаться повышенная социальная активность, и Вы сможете получить массу удовольствия.

Это будет плодотворный год, в котором нужно будет принимать решения, совершать покупки и получать удовольствие.

Те, у кого есть партнер, обнаруживают, что, объединившись, они достигают большего успеха.

Это год, когда способность воспринимать возможности принесет много пользы, Год Дракона обладает огромным потенциалом, поэтому будьте открыты для возможностей и готовы к переменам и адаптации. Год Дракона вознаградит предпринимателей.

Ритуал начала китайского Нового года 2024

 Вечером того же дня, перед началом года, следует сделать уборку в доме, открыть все окна для проветривания и расставить белые и желтые цветы во всех местах общего пользования. В частности, у входа в дом следует разместить благовония корицы, сандала, эвкалипта или лаванды, либо благовония Пало Санто, Белого Шалфея или Ванили.

Необходимо хорошо окурить дом. Окуривание — это действие по созданию дыма, с помощью благовоний, для ароматизации окружающей среды и использования его в качестве инструмента очищения и уборки. Его особенность заключается в том, что они источают приятный аромат, которому приписывают расслабляющие свойства. Многие люди используют благовония для изменения энергетических вибраций своего дома.

Если у вас есть благовония, которые вы собираетесь передавать по всему дому, не забывайте делать круговые движения вправо. Если вы намерены очистить личный участок, то начинать следует с собственного тела, начиная с ног и заканчивая головой, а затем возвращаться к сердцу, делая при этом легкие круговые движения.

Поскольку это год Кролика, желательно иметь в доме пару металлических или деревянных кроликов, а если есть возможность, то и стеклянных, так как они олицетворяют стихию года - воду.

Если у Вас нет такой возможности, то Вы можете символизировать его с помощью изображений, портретов или фигурок. Считайте, что это счастливый талисман, ведь в итоге кролик стремится к процветанию. Он принесет в ваш дом большое богатство.

Еще одна рекомендация на 2024 год - перекрасить некоторые стены своего дома в небесно-голубой цвет. Этот цвет является одним из цветов процветания в новом году. Будьте осторожны с перегруженностью дома синим цветом, не забывайте, что главное - соблюдать баланс. Если вы переборщите с синим цветом, то привлечете в свой дом уныние или апатию.

Альтернатива или вариант - носить его с собой, в виде браслета, висящих сережек, маятника, шпалы, на кольце, связке ключей или талисмана в кармане или сумочке.

Если у вас есть и кролик, и вода, то это образует ассоциацию богатства, укрытия и удачи в вашей жизни, доме или офисе. Всегда помните, что всему сопутствуют постоянство и усилия.

Если вы сможете приобрести несколько растений, таких как базилик, который обладает большой способностью генерировать изобилие, а также способностью уходить и транс мутировать плохие вибрации, вы не пожалеете.

Жасмин - еще один хороший вариант: в вашем доме всегда будет царить аромат и хорошие вибрации.

Свежий жасмин должен быть в вашем доме всегда, когда у вас есть такая возможность, но самое главное, чтобы в первый день китайского года он был в любом уголке вашего дома.

Ритуалы начала китайского Нового года 2024

Китайский Новый год следует встречать с радостью, музыкой и великолепной семейной трапезой. Это время празднования и сосредоточения на удаче и процветании в наступающем году.

Вы должны надеть новую одежду, потому что это символизирует новое начало.

Для этого дня хорошо подходит резонансный цвет, например красный, который символизирует гармонию, удачу и благополучие.

В ожидании Нового года избегайте носить белое или черное, так как именно эти цвета обычно надевают на похороны.

Проведение очищения для подготовки к китайскому Новому году в виде ритуала полезно.

Такая уборка призвана отогнать злых духов, которые могут прятаться в углах дома.

Обычно люди меняют мебель или переставляют ее, подкрашивают краску в доме, ремонтируют поврежденные участки, моют окна большим количеством воды.

Вечером того же дня, перед началом нового года, следует сделать уборку в доме, открыть все окна для проветривания, расставить белые и красные цветы во всех местах общего пользования.

Конкретно у входа следует разместить благовония корицы, сандала, эвкалипта, лаванды или сжечь лавровый лист. Лавр - растение, способное защищать, очищать и исцелять. Еще один способ привлечь в дом положительные энергии - сочетание корицы с лавровым листом. Сожгите лавровые листья и посыпьте их порошком корицы. Когда эта смесь будет зажжена, распустите дым по всем комнатам дома.

Необходимо хорошо окурить дом. Сахара — это действие по созданию дыма, с помощью благовоний, для ароматизации окружающей среды, а также для использования его в качестве инструмента очищения и взыскания.

Их особенность заключается в том, что они издают приятный аромат, который, как утверждается, обладает расслабляющими свойствами.

Многие люди используют благовония для изменения энергетических вибраций своего дома.

Если у вас есть благовоние, которое вы собираетесь передавать по дому, не забывайте делать круговые движения вправо.

Если вы намерены очистить личный участок, то начинать следует с собственного тела, начиная с ног и заканчивая головой, а затем возвращаться к сердцу, делая при этом легкие круги.

Поскольку это год Зеленого Деревянного Дракона, желательно иметь в своем доме пару деревянных драконов. Если у вас нет такой возможности, можно символизировать его изображениями, портретами или фигурками.

Еще одна рекомендация для 2024 года - покрасить некоторые стены своего дома в зеленый цвет.

Этот цвет символизирует процветание в текущем году. Не перенасыщайте свой дом зеленым цветом, помните о необходимости соблюдать баланс. Если вы переборщите с зеленым цветом, то привлечете в свою жизнь стресс.

Альтернатива или вариант - носить его с собой, в виде браслета, серег-подвески, маятника, шпалы, на кольце, брелоке или талисмане в кармане или сумочке, это сформирует ассоциацию богатства, укрытия и удачи в вашей жизни, доме или офисе.

Если вы сможете приобрести некоторые растения, такие как лаванда, рута или денежное растение, которые обладают способностью генерировать изобилие, а также способностью уходить и транс мутировать плохие вибрации, то вы не пожалеете об этом.

Поскольку вода - элемент, дополняющий дерево, фонтан у входа в дом будет привлекать благополучие. Не забывайте, что вода должна течь внутрь.

 Размещение фонтана в зоне богатства вашего дома, расположенного с левой стороны, сзади, если смотреть от входной двери, принесет вам много материальных выгод.

Наряду с зеленым, красный цвет является счастливым для 2024 года, его следует использовать в своем доме, чтобы активизировать энергию удачи. Вы можете носить красный цвет на одежде или с каким-либо другим предметом, например шарфом, шапкой или браслетом, чтобы привлечь деньги.

Китайский Новый год следует встречать с радостью, музыкой и великолепной семейной трапезой. Это время для празднования и сосредоточения на удаче и процветании в наступающем году. Следует надеть новую одежду, так как она символизирует новое начало.

Для этого дня хорошо подходит резонансный цвет, например красный, который символизирует гармонию, удачу и благополучие.

В ожидании Нового года избегайте носить белое или черное, так как именно эти цвета обычно надевают на похороны.

Проведение уборки для подготовки к китайскому Новому году в виде ритуала является полезным. Такая уборка

призвана отогнать злых духов, которые
могут прятаться в углах дома.

Обычно люди меняют мебель или
переставляют ее, подкрашивают краску в
доме, ремонтируют поврежденные
участки, моют окна большим
количеством воды.

Об авторе

Помимо астрологических знаний, Алина Руби обладает богатым профессиональным образованием, имеет сертификаты по психологии, гипнозу, Рейки, биоэнергетическому целительству кристаллами, ангельскому целительству, толкованию снов, является духовным инструктором. Она владеет знаниями в области геммологи, с помощью которых программирует камни или минералы и превращает их в мощные амулеты или талисманы защиты.

Руби обладает практическим и целеустремленным характером, что позволило ей иметь особое, интегративное видение нескольких миров, способствующее решению конкретных проблем. Алина пишет ежемесячные гороскопы для сайта Американской ассоциации астрологов; их можно прочитать на сайте www.astrologers.com. В настоящее время она ведет еженедельную колонку в газете El Nuevo Herald на духовные темы, которая выходит каждую пятницу в цифровом виде и по понедельникам в печатном. Также ведет программу и еженедельный Гороскоп на YouTube-канале этой газеты. Ее астрологический ежегодник ежегодно публикуется в газете "Diario las Américas" под рубрикой Rubi Astrologa.

Руби является автором ряда статей по астрологии для ежемесячного издания "Today's Astrologer", ведет занятия по астрологии, Таро, чтению ладоней, исцелению кристаллами, эзотерике. Ведет еженедельные видеосюжеты на астрологические темы на YouTube-канале "Нового Вестника". Ведет собственную астрологическую программу на телеканале Flamingo T.V., давала интервью нескольким теле- и радиопрограммам, ежегодно публикует "Астрологический ежегодник" с гороскопом по знакам и другими интересными мистическими темами.

Она является автором книг "Рис и бобы для души", часть I, II и III, сборника эзотерических статей, изданных на английском и испанском языках, "Деньги для всех карманов", "Любовь для всех сердец", "Здоровье для всех тел", "Астрологический ежегодник 2021", "Гороскоп 2022", "Ритуалы и заклинания для успеха в 2022 году "Заклинания и секреты", "Астрологические классы", "Ритуалы и чары 2024" и "Китайский гороскоп 2024" - все на семи языках.

У нее есть свой канал на YouTube с темами по психологии, эзотерике и астрологии, где можно посмотреть видео о родственных душах, реинкарнации, языке тела, астральных путешествиях, сглазе, заклинаниях и многом другом.

Руби прекрасно владеет английским и испанским языками, сочетая в своих выступлениях все свои таланты и знания. В настоящее время она проживает в Майами, штат Флорида.

Более подробную информацию можно получить на сайте www.esoterismomagia.com.

Ангелина А. Руби - дочь Алины Руби. С детства интересовалась всеми эзотерическими предметами, с четырех лет занималась астрологией и каббалой. Владеет Таро, Рейки и геммологи ей. Она является не только автором, но и редактором всех книг, изданных ею и ее матерью.

За дополнительной информацией обращайтесь к ней по электронной почте: rubiediciones29@gmail.com.

www.ingramcontent.com/pod-product-compliance
Lightning Source LLC
Chambersburg PA
CBHW060118120726
48003CB00009B/2695